Este libro es un regalo de:

Título original: *My Bible Story Book*
Edición original publicada en inglés por Lion Hudson IP Ltd, Oxford, Inglaterra.
Original edition published in English by Lion Hudson IP Ltd, Oxford, England.

Primera edición: abril de 2018

Texto de Sophie Piper
© 2010, Dubravka Kolanovic, por las ilustraciones
© 2016, Lion Hudson IP Ltd.
© 2018, de la presente edición en castellano para todo el mundo:
Penguin Random House Grupo Editorial USA, LLC.
8950 SW 74th Court, Suite 2010
Miami, FL 33156

www.librosorigen.com

Traducción de María José Hooft

Reconocimiento:
"Cristo, amigo de los niños",
himno de Walter J. Mathams (1851–1931)

ISBN: 978-1-945540-49-3

Impreso en China / *Printed in China*

Penguin
Random House
Grupo Editorial

Historias de la Biblia

Sophie Piper

Ilustraciones de Dubravka Kolanovic

ORIGENkids

Índice

En el principio   10

Noé y el diluvio   16

Abraham y la promesa   22

El bebé Moisés   26

Daniel y los leones   32

El niño Jesús   38

Jesús y sus discípulos   42

Jesús y la niña   46

Jesús y los niños   50

¡Aleluya!   54

En el principio

Antes de que todo existiera, no había nada.

Nada de nada, excepto Dios.

Entonces, Dios le habló a la nada y dijo:

—Que sea la luz.

Y enseguida la luz brilló, clara y reluciente.

—Esto es bueno —dijo Dios—. ¡Es muy bueno!

Y luego Dios creó el mundo y todo lo que hay en él.

Y todo era muy pero muy bueno.

Luego Dios creó a las primeras personas: Adán y Eva.

—Hice para ustedes este jardín —les dijo—. Por favor, cuídenlo. Les daré todo lo que necesiten. Pero tengan cuidado con un solo árbol y no coman de su fruto. Si lo hacen, todo les irá mal.

Todo marchaba bien, hasta que apareció una serpiente malvada.

—Dios ha sido egoísta con ustedes —le susurró la serpiente a Eva—. Él no quiere que ustedes coman del mejor fruto de todos. Prueben un poco y verán lo bueno que es.

Eva tomó uno de los frutos y lo mordió.
Mmm. ¡Era muy rico!
Entonces invitó a Adán.
—Mmm —respondió él.

De ahí en adelante, todo cambió.

Adán y Eva sabían que habían hecho algo malo.
Dios vino y los encontró.

—Queridos míos —suspiró Dios— han
desobedecido, ¿verdad? Han arruinado la amistad
que tenían conmigo y con el mundo. Ahora cada
día tendrán que trabajar y trabajar y trabajar.

Ellos se pusieron muy tristes. ¿Podrían volver a
ser amigos de Dios algún día?

Noé y el diluvio

Noé observaba a los animales que desfilaban delante de él: iban de dos en dos, una madre y un padre de cada especie animal.

—¡Esto es asombroso! —exclamó la esposa de Noé—. Todos están entrando en tu enorme barco.

—Todo sucede como Dios dijo que sería
—expresó Noé—. Él está triste por todas las peleas
y discusiones que hay en el mundo. Dios me
dijo que va a enviar un diluvio y me indicó que
construyera un barco, el arca, para que estemos
a salvo.

Cuando Noé, su familia y todos los
animales estaban a bordo, Dios cerró la puerta
del arca.

Enseguida comenzó a llover. Las aguas subían cada vez más. El viejo mundo malo desapareció bajo el diluvio; pero tal como Dios lo había prometido, el arca estuvo a salvo.

Hasta que un día, ¡bump! El arca chocó contra una montaña que había estado escondida bajo el agua. Se quedó trabada allí porque ya las aguas no eran muy profundas.

Noé soltó una paloma que regresó con una rama
de olivo. Las hojas de la rama estaban verdes y
frescas.

—Esta es una buena noticia —festejó Noé—. Debe
haber tierra seca en alguna parte. El diluvio ya se
está acabando.

Finalmente, toda la tierra estuvo seca.

—Es tiempo de abandonar el arca —les dijo
Noé a los animales—. Ustedes deben tener cría y
comenzar a poblar el mundo otra vez.

Mientras salían, un hermoso arco
multicolor brilló en el cielo.

—Mira el arcoíris —le indicó Dios
a Noé—. Esta es la señal de mi
promesa: nunca más vendrá otro
diluvio así al mundo. Habrá
verano e invierno, y tiempo
de siembra y cosecha por
siempre.

Abraham y la promesa

Abraham era un pastor de ovejas que vivía en una tienda. Él iba a todos los lugares donde hubiera pasto para sus ovejas y sus cabras.

—Un día —le dijo Dios a Abraham— esta tierra de Canaán será el hogar de tus tatara-tatara-tataranietos para siempre.

Abraham suspiró.

—Mi esposa Sara y yo no tenemos ni siquiera un hijo todavía.

—Te estoy haciendo una promesa —afirmó Dios—. Ustedes tendrán un hijo, y un día sus tatara-tatara-tataranietos serán tantos como las estrellas del cielo.

Pero los años pasaron, y todavía Abraham y Sara no habían tenido hijos.

Un día, llegaron unos desconocidos. Sara los escuchó hablar.

—El próximo año —anunció uno de ellos— volveremos y tu esposa nos mostrará a su hijo.

Ella se rió.

—Ya estoy muy vieja para tener bebés —dijo.

—Así será, porque Dios lo ha prometido —le respondió el visitante.

Cuando se marcharon, Abraham y Sara comprendieron todo. Eran ángeles que trajeron un mensaje de parte de Dios.

Al año siguiente, Abraham y Sara tuvieron un hijo y le pusieron por nombre Isaac, que significa "risa".

El bebé Moisés

Cuando Isaac creció, se casó y tuvo hijos. Y
sus hijos tuvieron hijos también. En esa época
todo iba bien en la tierra de Canaán, pero luego
vinieron tiempos difíciles.

Durante años no llovió, y los bisnietos de
Abraham tuvieron que irse a Egipto.

Unos años más tarde, un hombre cruel y
malvado llegó a ser el rey.

—Yo no quiero a esos forasteros —protestó.

—Tomaré a los adultos como mis esclavos. Les diré a mis soldados que encuentren a todos los bebés varones y los arrojen al río.

Una madre tejió una cesta y la recubrió con una brea impermeable. Puso a su bebé dentro y fue con su hija María al río, para depositar allí la cesta, entre los juncos.

María se ocultó entre los juncos para mirar.
Una princesa llegó a bañarse en el río.

Ella y sus doncellas vieron la cesta, la agarraron y miraron qué había dentro.

—¡Un bebé! —gritó la princesa—. Desde ahora ya lo amo.

María salió de su escondite y dijo:
—Yo conozco a alguien que puede cuidarlo.

Y fue a buscar a su madre.

—Este bebé será mío —anunció la princesa—. Voy a llamarlo "Moisés". Por favor, cuídenlo por mí.

Moisés creció como un príncipe de Egipto, aunque sabía que pertenecía al pueblo de los esclavos. Cuando quiso defenderlos, se metió en problemas y tuvo que huir.

Estando en el desierto, Dios le habló:

—Regresa a Egipto y dile a ese rey malvado que deje ir a mi pueblo.

Con la ayuda de Dios, Moisés condujo al pueblo de regreso a Canaán.

En el camino, Dios les dijo que debían vivir como su pueblo: amándolo a Él y amándose unos a otros.

Finalmente, todo el pueblo habitó en la tierra que Dios le había prometido a Abraham.

Daniel y los leones

Mientras ellos vivían como se esperaba que viviesen los hijos de Dios, todo marchaba bien.

Pero cuando desobedecían, las cosas empezaban a andar mal.

Un día todo empeoró. Un rey de tierras lejanas ganó una gran batalla y se llevó a algunas personas a su tierra.

Uno de ellos era Daniel.

—Yo haré lo correcto, aunque todo salga mal —se prometió a sí mismo—. Siempre obedeceré a Dios.

Cada día trabajaba duro en el palacio real.

Cada día miraba hacia la tierra que era su hogar y oraba a Dios.

34

Cada nuevo rey tenía respeto por Daniel.

—Le daré el mejor trabajo —dijo uno llamado Darío— porque él es el mejor sirviente de todos.

Otras personas del palacio estaban celosas de Daniel y tramaron un plan maléfico. Entonces se presentaron ante el rey Darío.

—Hay que crear una nueva ley —exigieron—. Todos tienen que confiar en ti para todas las cosas. Si alguno llega a confiar en otro, esa persona debe ser arrojada a los leones.

—¡Qué buena idea! —celebró el rey. Y creó la nueva ley.

A los pocos días regresaron esos hombres.

—¡Daniel ha desobedecido tu ley! Él pone su confianza en su Dios. ¡Lo hemos visto orando!

El rey se entristeció, pero tuvo que hacer cumplir la ley.

Daniel fue arrojado a los leones.

El rey estuvo nervioso durante toda la noche.

—A mi mejor sirviente probablemente se lo están devorando los leones ahora mismo —suspiró.

Por la mañana fue a ver el foso.

—Todavía estoy aquí —gritó Daniel con alegría—. Dios envió un ángel para salvarme de los leones.

—¡Qué maravillosa noticia! —dijo el rey e hizo que liberaran a Daniel.

—De ahora en adelante, todo el mundo tiene que saber que el Dios de Daniel es el mejor de todos —exclamó.

El niño Jesús

Los pastores en la pradera casi no podían creer lo que veían sus ojos.

—¿Cómo puede haber tanta luz siendo de noche? —preguntó el menor, medio dormido.

—¡Miren! —exclamó—. Y escuchen a los ángeles.

—Hoy es una noche de Buenas Nuevas —declaró el ángel más resplandeciente—. Ha nacido un bebé en Belén. Es el Hijo de Dios y ha venido a mostrarles a todos cómo pueden ser amigos de Dios. Vayan y encuéntrenlo; está en un establo.

Entonces los pastores se dirigieron a la pequeña aldea cercana.

—¿Por qué alguien pondría a su bebé en un pesebre? —preguntó el pastor más joven.

—No lo sé —respondió otro—. A menos que la posada estuviera ocupada y tuvieran que dormir en el establo.

—¡Ah! Ahora sabemos dónde buscar —afirmó el tercer pastor.

Entonces fueron y encontraron al pequeño niño Jesús.

Los pastores le contaron a María, la madre de Jesús, acerca de los ángeles. Ella sonrió: ya sabía que su hijo era el Hijo de Dios, que había venido para traer alegría al mundo.

41

Jesús y sus discípulos

Jesús creció en Nazaret y llegó a ser carpintero. En su interior sabía que Dios tenía una tarea para Él. Un día, comenzó a enseñarles a las personas cómo ser amigos de Dios.

A orillas del Mar de Galilea, conoció a algunos pescadores: Simón y su hermano Andrés, y Santiago y su hermano Juan.

—Vengan conmigo —les dijo—. Quiero que sean mis discípulos y me ayuden a hablarle a la gente de Dios.

Los pescadores dejaron sus redes y lo siguieron.

43

Ahora Jesús podía ir en bote a las ciudades alrededor del Mar de Galilea.

Al final de un día agitado, Jesús y sus amigos subieron a una barca.

Jesús se quedó dormido. Mientras dormía, se desató una gran tormenta.

—¡Ayúdanos! —clamaron los discípulos—. ¡El bote se está hundiendo!

Jesús se levantó y le habló al viento y a las olas:

—Shhh. Cálmense. Reposen.

Al instante, la tormenta paró.

Cuando Jesús no los escuchaba, los discípulos murmuraban entre ellos:

—¿Quién puede ser Jesús, para hacer un milagro como este?

Jesús y la niña

Un padre estaba de pie en la orilla. Parecía estar muy molesto. Luego se escuchó un grito en medio de la multitud:

—¡Ahí llega el bote! ¡Jesús estará aquí en cualquier momento!

En cuanto el bote tocó la orilla, el padre corrió a hablar con Jesús.

—Por favor, por favor, ven y ayúdame. Mi pequeña hija está muy enferma.

—Claro que iré —respondió Jesús.

El problema era que todo el mundo quería ver a Jesús y hablar con él.

Antes de que llegaran a la casa, llegó un mensajero con malas noticias.

—Tu hija ha muerto.

—No te preocupes —le dijo Jesús al padre.
Y a las personas que estaban afuera les dijo:
—No lloren.

Entró a la habitación, donde la niña estaba tendida en la cama, y tomó suavemente su mano fría y sin vida.

—Niña, levántate —le dijo.

El padre y la madre no podían creer lo que estaban viendo.

Su preciosa hija abrió los ojos y se levantó.

¿Quién podía ser Jesús, para hacer un milagro como ese?

Jesús y los niños

Donde iba Jesús siempre se juntaba la gente.

Ellos querían saber cómo debían vivir siendo amigos de Dios.

Querían ver un milagro.

Los discípulos trataban de tener todo bien organizado. Cuando llegaron algunas madres con sus hijos, a ellos no les gustó para nada.

—Jesús está muy ocupado con cosas importantes —dijeron—. Por favor, llévense a los niños de aquí.

Cuando Jesús los oyó, les dijo:

—Dejen que los niños vengan a mí. Ellos son especiales para Dios también.

Y les contó una historia.

"Un pastor tenía cien ovejas. Una de ellas –la más pequeñita– se perdió.

"El pastor se aseguró de que las otras noventa y nueve estuvieran bien y salió a buscar a la que se había perdido.

"Buscó y buscó hasta que la encontró. Luego la llevó de regreso a casa.

—¡Estoy tan contento! —les dijo a sus amigos".

—Pues bien, Dios es como ese pastor —les contó Jesús a los discípulos—. Cuando alguien vuelve a la casa de Dios, los ángeles cantan.

¡Aleluya!

Había una festividad en la ciudad de Jerusalén y una multitud pasaba por el camino principal. Jesús apareció, montado sobre un burro.

—¡Aleluya! —gritaron—. Sabemos quién es Jesús: Él es el rey elegido por Dios. Todos agitaban ramas de palmeras como si fueran banderas.

Pero no todos querían a Jesús.

—¿Quién se cree que es? —murmuraban unos.

—No nos gustan sus enseñanzas.

—No creemos en sus milagros.

—Y ahora le hace creer a la gente que Él es el rey elegido por Dios.

—¡Le pondremos freno a toda esta infamia!

Ellos mentían acerca de Jesús.

Lo clavaron en una cruz un viernes. Con su último aliento, Jesús oró a Dios:

—Padre, perdónalos porque no saben lo que están haciendo.

Los amigos de Jesús se llevaron su cuerpo y lo pusieron en una tumba.

Muy temprano en la mañana del domingo, algunas mujeres vinieron a despedirse de Él, pero la tumba estaba vacía.

Los ángeles les dieron una noticia asombrosa:

—Jesús no está aquí. Dios es más fuerte que la muerte, y Jesús está vivo otra vez.

Enseguida, los amigos lo volvieron a ver.

—Ya hice aquello para lo cual vine a esta tierra —dijo—. Les enseñé cómo ser amigos de Dios. Abrí un camino al cielo, donde estarán los que me siguen, seguros en el amor de Dios para siempre.

Jesús, amigo de los niños,
sé un amigo para mí.
Toma mi mano, y que pueda
estar siempre cerca de ti.

Un himno para los niños